Inhalt

Web 2.0 - keine Eintagsfliege, aber auch kein Überflieger

Kernthesen

Beitrag

Fallbeispiele

Weiterführende Literatur

Impressum

Web 2.0 - keine Eintagsfliege, aber auch kein Überflieger

H.Reil

Kernthesen

- Der Erfolg des Mitmachnetzes hängt derzeit noch stark von der Branche und der Firmengröße ab.
- Von "Bonzen" und "Spinnern": Laien helfen festgefahrenen Experten mit kreativen Vorschlägen.
- Tourismusbranche setzt Web-2.0-Anwendungen erfolgreich ein.

Beitrag

Ob sich das Web 2.0 in deutschen Unternehmen flächendeckend durchsetzt oder nicht, steht noch in den Sternen. Dabei gibt es schon jetzt Projekte, die nicht nur originell, sondern auch erfolgreich sind.

Seit der Softwareentwickler Tim OReilly vor noch nicht einmal vier Jahren seinen einflussreichen Artikel What is Web 2.0 veröffentlichte, reißen die Diskussionen um Möglichkeiten und Grenzen des interaktiven Internets nicht mehr ab. Globale Erfolgsgeschichten wie die Online-Enzyklopädie Wikipedia zeigen, dass die zweite Generation des Internets keineswegs eine Eintagsfliege ist. Aber lassen sich Anwendungen wie Wikis, Blogs oder Communities auch mit Gewinn auf die Geschäftswelt übertragen? Die Antwort auf die Frage hängt derzeit noch stark von der Branche und der Größe der Unternehmen ab. Während der Online-Versandhändler Amazon und die Tourismusindustrie schon seit Jahren auf die Mitarbeit ihrer Kunden setzen, tun sich andere, wie zum Beispiel Finanzdienstleister, wesentlich schwerer damit. Sie fürchten einen unkontrollierten Wildwuchs, der sich letzten Endes sogar geschäftsschädigend auswirken kann.

Auch einige Meldungen aus den USA hinsichtlich der Zukunft des Web 2.0 sind alles andere als enthusiastisch. Die Ergebnisse einer Umfrage des

Marktforschungsinstituts Anderson Analytics unter rund 2 000 amerikanischen Marketing-Managern lassen daher auch für deutsche Unternehmen nichts Gutes erwarten. Über 50 Prozent der Befragten meinten, dass das Web 2.0 in seiner Bedeutung völlig überschätzt werde. Andere Zahlen sind dagegen weitaus optimistischer. Die Marktforscher von Forrester Research haben herausgefunden, dass Großunternehmen bis 2013 ihre jährlichen Investitionen für Web-2.0-Anwendungen verzehnfachen wollen. Nur kleine Firmen und Mittelständler hätten noch Probleme mit dem so genannten Mitmachnetz. (1), (2), (5), (6)

Finanzbranche betrachtet Web 2.0 mit Skepsis

Dasselbe gilt auch für deutsche Finanzdienstleister. Das Forschungsinstitut ibi research, das eng mit der Universität Regensburg zusammenarbeitet, initiierte im Sommer vergangenen Jahres eine Studie, an der sich 76 Unternehmen beteiligten. Die Ergebnisse waren ernüchternd: Nur rund fünf Prozent der befragten Firmen stellen ihren Kunden bisher Weblogs zur Verfügung. Zwei Drittel der Unternehmen sprachen sich sogar ganz bewusst gegen Anwendungen wie Live-Chats, Weblogs oder

Communities aus. Dennoch scheinen die Skepsis oder sogar die Ablehnung gegen das Mitmachnetz nicht in Erz gegossen. Immerhin 32 Prozent der Unternehmen glauben, dass sich Live-Chats künftig in ihrem Internet-Angebot etablieren könnten.

Auch so genannte Mashups scheinen das Potenzial zu haben, sich bei Finanzdienstleistern durchzusetzen. Wie so etwas funktioniert, zeigt die Postbank. Mit Hilfe geografischer Daten, die Microsoft Virtual Earth liefert, können sich Kunden über eine einfache Eingabemaske Postbank-Filialen ganz in ihrer Nähe anzeigen lassen. Dennoch: Auch wenn die Branche vorgibt, zumindest künftig deutlich mehr als bisher in Web-2.0-Anwendungen investieren zu wollen, das tief verwurzelte Misstrauen gegenüber dem Mitmachnetz lässt sich nicht so leicht ad acta legen. Die Argumentation der Unternehmen hat eine doppelte Stoßrichtung: Einerseits scheuen die Verantwortlichen den großen redaktionellen Aufwand, andererseits fürchten sie um Rufschädigung, wenn zum Beispiel Blogger Negativerfahrungen an die große Glocke hängen. (2)

Bonspin: Spielplatz für kreative Köpfe

Ein originelles und erfolgreiches Web-2.0-Projekt hat der Geschäftsführer der Osnabrücker Bedford Fleischwaren GmbH & Co. KG ins Leben gerufen. Dank seines Online-Think-Tanks, den er auf den Namen "Bonspin" taufte, hat Bert Mutsaers nicht nur sein Kochwurstproblem wieder in den Griff bekommen, sondern auch ein Modell geschaffen, das branchenübergreifend für Furore sorgen könnte. Der Kerngedanke von www.bonspin.de: "Bonzen", etablierte Spezialisten, konfrontieren "Spinner", kreative Laien, mit einem Problem und hoffen, dass die unvoreingenommenen Sichtweisen der "Spinner" zur Lösung dieses Problems beitragen. Im speziellen Fall von Bedford Fleischwaren hieß das Folgendes: Der Kochwurst-Absatz stagnierte. Was ließ sich dagegen tun? Die "Spinner", die sich bei Bonspin angemeldet hatten, schlugen neue Rezepturen, Namen und Formen für die Wurst vor. Einige der Anregungen waren so kreativ, dass Mutsaers sie aufgriff und umsetzte. Herausgekommen sind die "Bedford-Leberwurstkugeln", die bei Kunden schon allein wegen ihrer Form beliebt sind. Damit sich das System auch für die Ideengeber lohnt, verleiht der "Bonze" seinen hilfreichen "Spinnern" Prämienpunkte. Diese können sie gegen Sachprämien, ab einer bestimmten Anzahl auch gegen Bargeld eintauschen. (3)

tripwolf Web 2.0 für Globetrotter und die Tourismusbranche

Ein anderes, viel versprechendes Mitmachnetz-Modell hat der Reisespezialist tripwolf entwickelt. Neben redaktionell aufbereiteten Inhalten bietet das Online-Portal unter www.tripwolf.com Globetrottern auch die Möglichkeit, eigene Erfahrungen zu veröffentlichen. Mit Erfolg: Rund 15 000 User haben bereits Hotelbewertungen, Reisetagebücher und Fotos bei tripwolf ins Netz gestellt. Das Ziel des Projekts: Reiselustige sollen sich aus den verschiedenen Elementen selbst maßgeschneiderte Programme zusammenstellen.

Mittlerweile hat tripwolf seine Plattform auch für Hotels und Tourismusregionen geöffnet. Diese können sich mit eigenen Videos, Fotos und Texten einem weltweiten Publikum präsentieren. tripwolf bietet seinen Partnern außerdem an, die Infos nicht nur im Internet, sondern über eine Multi-Channeling-Strategie zu verbreiten. Dazu zählen iphones und die gedruckten Reiseführer des Unternehmens. Der Service wird zwar vorerst nur Hotels und touristischen Regionen in Österreich angeboten, soll aber bald auf Deutschland und die USA ausgeweitet werden. (4)

Fazit

Web 2.0 wird von manchen Branchen noch mit unverhohlenem Argwohn betrachtet. Progressive Unternehmen machen aber bereits vor, wie sich einige seiner Anwendungen auch erfolgreich in der Geschäftswelt einsetzen lassen. Es steht daher zu erwarten, dass sich das Mitmachnetz in Zukunft immer stärker durchsetzen wird.

Fallbeispiele

Die **DEKV Versicherung** hat bereits wahr gemacht, was anderen Versicherungen noch Bauchschmerzen bereitet. Ihre Mitarbeiter führen jährlich rund 11 000 Live-Chats. Das entspricht zwischen 40 und 60 Kundenkontakten pro Tag. (2)

Die **Solifer Solardach GmbH** hat unter dem Namen "Sonnenfleck" einen hauseigenen Blog eingerichtet, in dem das Unternehmen Neuigkeiten aus der Solarbranche vorstellt. Interessenten können sich unter www.solifer.de/4/42/sonnenfleck_index.html regelmäßig informieren. (5)

Mitarbeiter des Tiefkühlkostproduzenten **Frosta** dürfen ganz offiziell und unzensiert ein Webtagebuch führen. Interessenten können sich unter www.frostablog.de einloggen und erfahren so aus erster Hand, was die Branche bewegt. (5)

Weiterführende Literatur

(1) O'Reilly, Tim, What is Web 2.0. Design Patterns and Business Models for the Next Generation of Software, 30.09.2005
aus Lebensmittel Zeitung 01 vom 02.01.2009 Seite 022

(2) Die Sparkassen und ihre Versicherer
aus Zeitschrift für das gesamte Kreditwesen 04 vom 15.02.2009 Seite 168

(3) Ich sehe was, was du nicht siehst
aus Fleischwirtschaft 02 vom 25.02.2009 Seite 103

(4) Tourismus-Regionen im Web 2.0
aus "Horizont" Nr. 07/09 vom 13.02.2009 Seite: 14

(5) Web 2.0 hält Einzug in die Geschäftswelt
aus Handelsblatt Nr. 042 vom 02.03.09 Seite a03

(6) Top-Marketer sind Web-2.0-Muffel
aus Der Kontakter Nr. 03 vom 12.01.2009, S. 11

(7) Web-Revolution: Toppt Social Media klassisches

Marketing? Initiiert von Burda Community Network, Tomorrow Focus und Facit Marketingforschung diskutierten Marken-strategen in einer Roadshow in Düsseldorf, Berlin und München über Pro und Contra zum Thema Social Media. W&V Media präsentiert einen Ausschnitt. // KOORDINATION: IRMELA SCHWAB // Kai Loehde Web 2.0-Plattformen basieren auf dem Austausch der User untereinander. Werbung ist also dann erfolgreich, wenn die Botschaft von den Usern aufgegriffen und selbst zum Inhalt des Austauschs gemacht wird. Eine so verbreitete Botschaft hat einen ganz anderen Impact als ein TV-Spot. Auch gewinnt mit dem Trend zur "Demokratisierung" durch das Internet der Einzelne seine Macht zurück. Für Markenartikler bedeutet das, mit den Meinungsführern in den Dialog zu treten und sie aktiv in die Marke einzubinden. Gefragt sind dafür intelligente Word of Mouth-Kampagnen (WOM).
aus W&V Media Nr. 02 vom 26.01.2009, S. 44

Impressum

Web 2.0 - keine Eintagsfliege, aber auch kein Überflieger

Bibliografische Information der deutschen Nationalbibliothek

Die Deutsche Nationalbibliothek verzeichnet diese Publikation in der deutschen Nationalbibliografie; detaillierte bibliografische Daten sind im Internet über http://dnb.d-nb.de abrufbar.

ISBN: 978-3-7379-0762-0

© 2015 GBI-Genios Deutsche Wirtschaftsdatenbank GmbH, Freischützstraße 96, 81927 München, www.genios.de

Alle Rechte vorbehalten. Dieses Werk ist einschließlich aller seiner Teile – z.B. Texte, Tabellen und Grafiken - urheberrechtlich geschützt. Jede Verwertung außerhalb der Grenzen des Urheberrechtsgesetzes bedarf der vorherigen Zustimmung des Verlags. Dies gilt insbesondere auch für auszugsweise Nachdrucke, fotomechanische Vervielfältigungen (Fotokopie/Mikroskopie), Übersetzungen, Auswertungen durch Datenbanken oder ähnliche Einrichtungen und die Einspeicherung und Verarbeitung in elektronischen Systemen.